Antonio Hurtado de Mendoza

Miser palomo I-II

Barcelona **2024**
Linkgua-ediciones.com

Créditos

Título original: Miser Palomo I-II.

© 2024, Red ediciones S.L.

e-mail: info@linkgua.com

Diseño de cubierta: Michel Mallard.

ISBN rústica: 978-84-9816-071-0.
ISBN ebook: 978-84-9897-548-2.

Sumario

Brevísima presentación

La vida

Antonio Hurtado de Mendoza (Castro Urdiales, Cantabria, 1586-Zaragoza, 22 de septiembre de 1644). España.

Gozó de notable fama de entremesista y de escritor de obras cortas para la Corte del rey Felipe III y para su descendiente Felipe IV. Para este último en 1621 escribió la *Relación de las fiestas celebradas en Aranjuez*. En 1623, gracias a su vocación servilista y literaria consiguió ser nombrado secretario real y miembro de la Orden de Santiago y Calatrava. En 1632 ejerció de secretario del Consejo de la Inquisición y secretario de la Cámara de Justicia en 1641. Fue amigo de Luis de Góngora, Lope de Vega, Francisco de Quevedo, Juan Pérez de Montalbán y Gabriel Bocángel.

Redactó diversos textos poéticos y dramáticos para la Corte. En su obra lírica, encuadrada en el Culteranismo, destaca la *Convocatoria de las cortes de Castilla*, escrita con motivo de la jura ante la Corte del príncipe Baltasar Carlos, o la *Vida de Nuestra Señora*. Sus poemas fueron en su mayor parte recogidos en *Obras líricas y cómicas, divinas y humanas* (1690).

Fue un poeta dramático de gran éxito, a pesar de que escribió poco y no cuidó bien la edición de sus obras. Entre sus obras teatrales están *El marido hace mujer y el trato muda costumbre* (1631-32) (utilizado por Molière como inspi- ración para su *École des marts*), *Cada loco con su tema o el montañés indiano* (1630), *No hay amor donde no hay agravio*, *Los empeños del mentir* o *Más merece quien más ama* (esta última escrita junto a Diego Juan de Vera Tassis).

Personajes

Miser Palomo
Luquillas, su criado
Un Mesonero
Un Tomajón
Un Caballero
Un Necio
Un Enamorado
Un Valiente
Un Gracioso
Tres Músicos
Dos Mujeres

Miser Palomo

Sale Miser Palomo, lo más ridículo que pudiera vestirse, y Luquillas, su criado, con una lista en la mano, y un Mesonero santiguándose.

Miser Palomo	No tiene que admirarse, amado huésped,
	que esta comisión, muy verosímil,
	y la ocasión que digo, es urgentísima;
	yo he de exceder mi oficio rectamente,
	mi caro albergador. Ya sabe el pueblo
	que ha venido el doctor Miser Palomo
	a examinar a todo buscavida,
	sabandijas del arca de la corte,
	donde se acoge tanto vagamundo
	como en diluvio universal del mundo.
Mesonero	Por cierto, vuesasted, Dios le bendiga,
	trae tan gran comisión.
Miser Palomo	«Como barriga»,
	iba a decir, el bien barbado huésped.
	Ya le entendí. Prevenga, elija, escoja
	un tribunal, a quien yo soy decente,
	que me autorice; no, ¡que me sustente!
Mesonero	Dígame, vuesasted y haráse luego,
	¿cómo tan gordo está?
Miser Palomo	Soy veraniego.
Mesonero	Solemne bellacón parece el dómine.
Miser Palomo	Preguntador parece el mesonista.

Mesonero	Aquí la silla está.

Siéntase [Miser Palomo]

Miser Palomo	Comodabúntur ego mecum sentare.
Mesonero	Poco a poco. que si en latín vuesa merced se sienta, se nos caerá la casa en buen romance.
Miser Palomo	No osará, que también comisión traigo para que no se caiga cosa alguna.
Mesonero	Parece comisión de la fortuna.
Miser Palomo	¿Chistecico en mesón? A espacio, espacio. ¿Nada nos queda ya para palacio?

Vase el Mesonero y sale el Tomajón.

Tomajón	Beso a vusted las suyas muchas veces.
Miser Palomo	No vi agradecimientos tan tempranos, ¿pues cuándo le he besado las manos?
Tomajón	Soy astrólogo yo en cortesía.
Miser Palomo	¡Bueno, que ya se besa en profecía! ¿Qué tiene por acá?
Tomajón	Miser clarísimo, de tomajón deseo examinarme.

Miser Palomo	Es oficio barato y muy sabroso, aunque en la corte ahora vive ocioso. ¿Cómo ha nombre?
Tomajón	Durango.
Miser Palomo	Es muy seguro, mas para quien ha de dar, no es bueno el duro. Diga ya el tomajón.
Tomajón	Yo soy un hombre que tomo y pido sin cansar a nadie. Soy gaceta común de casa en casa, contando cuanto pasa, y qué no pasa. Tengo heridas famosas por el filo. Si es vano el tal señor, le digo luego que desciende del conde Peranzules; Si es tierno, que me dijo cierta ninfa que no hay tal caballero en toda Illescas; Si es bravo,
Miser Palomo	(Cosa vil tener tal nombre.)
Tomajón	que le tiemblan los moros de Getafe. Si pica en discreción, que escribe y habla mejor que Garcilaso y que Demóstenes. Y, aunque sea un indiano en la miseria, le digo que es más pródigo que el hijo. Y si con estas cosas no se ablanda, le embisto con dos tonos Juan Blaseños, y lo que reservé a su cortesía, echando con primor por el atajo, se lo vengo a pedir por mi trabajo.

Miser Palomo	¡Oh, que sois un legón!, que os ha faltado
	el más sutil primor y más usado:
	lo de «no hay tan gran príncipe en España»,
	y el decir mucho mal de uno con otro,
	no lo ignora el tomajón más potro.
	Andar, señor, andar, y en quince días
	de «mercedes», de «vos», de «señorías»,
	no toméis en cuatrín sin mi licencia.
Tomajón	Ellos me ayudarán a la obediencia.

Vase el Tomajón y sale un Caballero.

Caballero	Mantenga Dios al buen Miser Palomo.
Miser Palomo	Sí, mantendrá, que es lindo mayordomo.
Caballero	De caballero vengo a examinarme.
Miser Palomo	Muy importante le será el no serlo,
	si es que no quiere más de parecerlo.
	¿Qué nombre?
Caballero	Don Juan Bilches.
Miser Palomo	Poca cosa;
	mas campando, por mi vida, el Bilches,
	el Bilches solo, digo, me hace asco;
	conviértele en Hernando de Velasco,
	y prosiga.
Caballero	Estudié caballería,
	y tengo un par de cursos de enfadoso,
	y algunas señorías regateo,

y con hijos segundos me voseo.
Dudo las excelencias, y he jurado
a fe de caballero entre dos títulos
sin que me hiciese mala la cabeza.
He ido en las testeras de tres coches
con un conde, un marqués y casi un duque.
Yo paseo la plaza en fiestas públicas,
y topando una mula, digo luego:
«Excelente caballo de los toros»,
y afirmo que pespunta la carrera.
Por solo un arador, llamé dos médicos
y comí carne toda una cuaresma.
De una mosca en verano tengo agüero;
y porque oí que el duque de Sajonia
estaba con catarro, en aquel punto
despaché por bayetas a Sevilla.
Miento con muy buen aire y desembozo,
que el mentir recatado de la gente;
eso es cosa de hidalgo solamente.

Miser Palomo   ¡Oh, que os falta un palillo en el sombrero
para ser empalado caballero!
¿«Don» tenéis?

Caballero   ¿Cómo «don»? Guardarnés tengo.

Miser Palomo   En verdad, en verdad, que estáis muy próximo
a ser caballero celebérrimo;
¿bebéis agua?

Caballero   Señor, mejor el vino.

Miser Palomo   ¡Jesús! ¡Pobre de mí! ¡Qué desatino!;
aunque tenéis buen gusto, pero ahora

sépaos mejor el vino, y bebed agua,
sin que nunca os contente la bebida.
Fresca llamad la fría, y llamad cálida
a la fresca, buscando extraños modos,
que, como un caldo, ya lo dicen todos.
Otro punto: en gobierno de la gorra,
¿qué medio habéis tomado?

Caballero   Señor mío,
escaseo con todos mi sombrero;
vive con gran descuido; no trabaja,
porque el ser muy cortés es cosa baja.

Miser Palomo   En recién caballeros me contenta
el ser inexorables de bonete;
pero advertid, para que vayáis más docto.
Luquillas, el sombrero del examen.
Gorrear de esta suerte a todo el mundo:
al hidalgo, a los ojos y a la boca;
al caballero, al título, a la barba;
al grande, al pecho; al rey, a la rodilla;
al Papa, hocicadura; y de este modo
acabaréis de ser pesado en todo.

Caballero   ¿Puedo ser caballero en todo el reino
con doctrina tan nueva y tan famosa?

Miser Palomo   Serlo y decirlo, que es más fácil cosa.

Vase el Caballero y entra el Necio.

Necio   Yo vengo a examinarme de ser necio.

Miser Palomo   Viviréis muy contento de vos mismo.

14

¿Sois muy dichoso?

Necio   En esto solamente
no he sido necio.

Miser Palomo   Vamos al examen.
Nombraos.

Necio   Yo, don Domingo.

Miser Palomo   ¡Don Domingo!
Necio sois de guardar en todas partes;
mas, pues, tan necio sois, llamaos don Martes.

Necio   Hablo en todas las cosas que no entiendo,
pensando que las sé mejor que todos.
Metíme a lo arquitecto, y dije un día,
mirando al Escorial: «¡Qué insigne fábrica
si tuviera de sitio más un dedo!».

Miser Palomo   Es tacha del Alcázar de Toledo.

Necio   Diré una pesadumbre al más amigo,
creyendo que le digo una lisonja.
Haré misterios de que vuela un pájaro.
Detendré a un delincuente que va huyendo,
para darle no más las «Buenas Pascuas».
Porfiaré con el mismo calendario
sobre si la Cuaresma empieza en miércoles.
Soy mal seguro, malicioso y grave,
y en el entendimiento, ¡Dios nos libre!,
que a todos los que miro como ajenos
o los estimo en poco, o tengo en menos.

Miser Palomo	A fe de examinante, que no he visto
	necio de más cultura en toda Europa.
	Solo una cosa os falta, eficacísima,
	para necio preciado de discreto,
	que es: trocar los frenos a las pláticas;
	entre valientes, el tratar de letras;
	entre letrada gente, de montantes;
	el saber de los libros solo el título;
	referir un soneto del Petrarca,
	no entendiendo de Italia el non lo voglio.
	Por lo culto, decir, en viendo un rábano,
	que las hojas no están conforme al arte.
	Y con esto seréis muy necio luego,
	blasonando en latín y hablando en griego.
Necio	Con esto soy, señor, muy enseñado.
Miser Palomo	Dios os haga necio y buen cansado.
Vase [el Necio].	
Luquillas	¿Otro más de quejoso?
Miser Palomo	No le quiero;
	¡qué pesadón viniera el escudero!
Luquillas	Otro pide el examen de menguado.
Miser Palomo	Dile que aprenda a ser desconfiado.
Luquillas	Otro pide el examen de envidioso.
Miser Palomo	¡Qué descontenta vivirá la bestia!
	Dile que estudie en vil y en hombre bajo,

para que envidie con menor trabajo.

Luquillas   De entremetido hay otro que le pide.

Miser Palomo   A ese le diera yo cuarenta palos.
¡Qué aborrecible gente! Lucas, dile
que sufra seis desprecios cada noche,
esquina en mesa y pesabrón en coche.

Luquillas   Otro también.

Miser Palomo   ¿De qué?

Luquillas   De confiado.

Miser Palomo   Dile que ya está el necio examinado.

Luquillas   Otro más.

Miser Palomo   ¿De qué cosa?

Luquillas   Truhanería.

Miser Palomo   Moderna la llamad filosofía.
No traigo comisión para truhanes,
porque está reservada al cartapacio
de los protobufones de palacio.

Luquillas   De hombre de bien examen pide un hombre.

Miser Palomo   De lo que no se usa no hay examen.

Luquillas   Cuatro piden el examen de fulleros.

Miser Palomo	¿Cuatro no más? Estéril primavera:
	los que hay más de diez mil, los parta un rayo.
	Gente de flor, que la examine mayo.
Luquillas	Dos piden el examen de ladrones.
Miser Palomo	¿Por qué no se juntarán con los cuatro?
	Ya estarán esperando una malicia.
	¡Qué cosa para mí! Paciencia, hermanos,
	porque no he de nombrar los escribanos.
Luquillas	Dos piden el examen de doncellas,
	y pienso...
Miser Palomo	No hay pienso, ¡oh, lenguas críticas!
	Decir mal de mujeres, ¡baja cosa!
Luquillas	Las doncellas, señor, no son mujeres.
Miser Palomo	Al revés, que no sabes conocellas:
	las mujeres, rapaz, no son doncellas.
Luquillas	De amor viene aquí un hombre a examinarse.
Miser Palomo	Vendrá muy misterioso el majadero.

Sale el Enamorado, lleno de cintas y favores.

Enamorado	Esa gentil presencia y dulce agrado,
	vea yo enhorabuena, que me debe,
	no de mi amor demostraciones pocas.
Miser Palomo	Hermano, ¿qué dejáis para unas tocas?
	Examinaos, tontón; hablad, barbado.

¡Qué puede ser un necio enamorado!
¿Cómo os llamáis?

Enamorado   Don Carlos.

Miser Palomo   ¡Mentecato!
El nombre que tomáis de emperadores.
Don Marcos os llamaréis, sin replicona;
para el Marco tenéis gentil persona.

Enamorado   Tengo en amar muy bien guisado el gusto:
quiero a las viejas, más que no a las mozas,
porque ha más tiempo al fin que son mujeres;
y porque el remudar es grande aliño,
yo quiero más dos feas que una hermosa.

Miser Palomo   Que el tropo varias, es bella cosa.

Enamorado   Yo escribo cien billetes cada día,
sin que lleven «merced», ni «vos», ni «túes».

Miser Palomo   ¿Hay flechecita?

Enamorado   Y bien corazoncito.

Miser Palomo   Amante podéis ser de Carajete.
Y en fin de casamiento, ¿a vuestras damas
no enviáis luego cédula?

Enamorado   Enviaréla.

Miser Palomo   El cedulón, preciosa bagatela.
Cédula a cada paso no me agrada,
que un cedulón anuncia vicariada.

De suspiros, de lágrimas y quejas,
¿cómo os va, cómo os va?

Enamorado   Señor Palomo,
si suspirara yo, ¿qué me faltaba?

Miser Palomo   ¿No suspiráis? Enamorado infausto.

Enamorado   Dicen que es a lo antiguo, y no me atrevo.

Miser Palomo   No importa, no tenéis de qué afligiros.
Ya está acabado el mundo: ¡no hay suspiros!
¿Os han dado favor secreto o público?

Enamorado   En eso yo me tengo mi capricho;
no me han dado favor, mas helo dicho.

Miser Palomo   Ya todos lo decimos, y aún diremos,
que en esto del amor, mi buen don Marcos,
lo que fue un tiempo gusto, es ya fanfarria.
Por examen llevad este consejo:
no solo en el favor no habléis mentiras,
más también, si podéis, callar verdades.

Vase el Enamorado y sale un Valiente.

Valiente   ¿Qué flor?

Miser Palomo   ¿Con quién lo habéis?

Valiente   ¿Qué flor, pregunto?

Miser Palomo   Si por mí lo decís, tinaja, hermano.

Valiente	Dígolo y lo diré por todo el mundo.
Miser Palomo	¿Qué flor?, que si hay bostezos de valiente, ¿en qué sois docto, en bota o en garrafa?
Valiente	Quiero que me examine por estafa. Yo he tenido quinientos desafíos, he hecho sobre el duelo dos comentos, seiscientos antuviones he pegado y he reñido cien veces en ayunas.
Miser Palomo	¿Qué fuera al fenecer las aceitunas?
Valiente	Maté un león con este dedo.
Miser Palomo	¿Albano?
Valiente	Y un tigre de una coz.
Miser Palomo	¿No sería Hircano?
Valiente	En Asturias de un soplo maté un oso.
Miser Palomo	Compadre, examinaos de mentiroso.
Valiente	Y esto es nada; en católica destreza pasmo a dos Luís Pacheco de Narváez. Con una daga quitaré un montante y con una escobilla un elefante.
Miser Palomo	Hombre, ¿qué diablo has hecho en cuanto has dicho, si con tu espada y capa no has entrado en batalla campal con una dueña, y no has hecho abanillo de una peña?

Valiente	Eso déjolo yo para la zurda,
	que con la diestra soy del mundo azote,
	y con solo pegarle un papirote
	el aire tan veloz, un monte sube,
	que le dejo clavado en una nube.
Miser Palomo	Con tal fuerza, examínate de monja,
	que esas son hazañuelas baladíes.
	¿Ves estos brazos, veslos?
Valiente	Ya los veo.
Miser Palomo	¿De Guadarrama has visto el puerto rígido,
	por donde el cielo en altura iguala?
Valiente	Ya lo he visto.
Miser Palomo	Pues vete enhoramala.

Vase y sale el Gracioso.

Gracioso	De gracioso de farsa, examen pido.
Miser Palomo	Bien seréis menester, porque hay gran mengua.
	¿De qué piezas usáis?
Gracioso	Yo me compongo
	de unas calzas que peinan los zancajos,
	de cuello de carbón, sombrero sucio,
	astrosa capa y vil coleto.
Miser Palomo	Amigo,
	si el donaire ponéis en lo asqueroso,

22

también un muladar será gracioso.
¿La parola pregunto?

Gracioso   A lo estudiado
añudo yo mis gestos y mis voces,
mi mudanza de tono y mi despejo.

Miser Palomo   Moderado añadir, corto gracejo.
¡Oh!, si vos no tenéis la gratis data,
es todo machacar en pueblo frío.
No os metáis de repente a los Tristanes;
tentad primero el vado de estos príncipes.
Soltaos con calabazas, porque hay muchas;
no os canten cuantos silbos, cuantas voces.
Prosa no la encajéis, que es grande exceso,
hasta que en el donaire estéis profeso.
Así empezaron todos los antiguos;
que a Alonsillo, a Basurto, a Lastre, a Osorio
no les vino la gracia de abolorio.

Gracioso   Gracioso vendré a ser también del número
si trato, mi señor, de obedeceros.

Miser Palomo   Como quisieren estos caballeros.

Vase el Gracioso y salen dos Mujeres.

Mujeres   ¿Vueced nos examina de bailantes?

Miser Palomo   ¿Baile, y mujeres? Pierdan la esperanza,
que no ha de ir lo civil de la mudanza.
No tiro yo conceptos de paleta.
¿Bailan de lo galán o lo travieso?

23

Mujeres	De la cintura arriba son bailes nobles.
Miser Palomo	De la cintura abajo, ¡Dios nos perdone! Como murmuraciones son los bailes, que empiezan blandamente, y vale luego toda bellaquería como en quínolas. Vaya un baile con tono de Juan López, o sea por mi amor el excelente metrópoli de bailes, Benavente.
Mujeres	¿Ha de bailar vueced?
Miser Palomo	Haréme astillas, pero advierta el senado que llamaban, que no se ha dicho mal de los poetas, que hablar mal de sí mismos ya fastidia, y piensan que es donaire, y es envidia.

Cantan y bailan lo siguiente:

«Volvieron de su destierro
los mal perseguidos bailes,
socarrones de buen gusto
y pícaros de buen aire.
    Blandas las castañetas,
los pies ligeros,
mesurados los brazos,
airoso el cuerpo.
    Enfadóles el aseo
de lo compuesto y lo grave,
que hasta en los bailes causa
el cuidado en los galanes.
    Con qué gracia y donaire
la niña baila;

¡oh, bien haya su cuerpo,
que todo es alma!
    en sus bellas plantas
lleva mis ojos.
Si vivir quiere alguno,
guárdense todos.»

[Fin del entremés]

Miser Palomo II

(Salen dos Cortesanos.)

Cortesano I

Digo que ha puesto ahora en San Felipe
un rótulo en que dice (a fe de ridículo),
que el licenciado Dieta, insigne médico,
cura cualquier enfermedad de espíritu,
cosa que no la vio Platón ni Sócrates,
ni la osara emprender el mismo Hipócrates.

Cortesano II

No me habléis bernardinas en esdrújulos.
¿Qué pasiones del ánimo se curen
por medicina? ¡Desatino extraño!
Gran victoria dejáis al desengaño.
Ya lo intentaron todos los filósofos
en sus morales; y Plutarco, y Séneca,
y en vano fue, que en todas las edades
han sido desdichadas las verdades.

Cortesano I

Qué, ¿de veras habláis, o es burla acaso?

Cortesano II

¡Qué incrédulo que sois, mentecatazo!

Cortesano I

¿Y es español ese hombre?

Cortesano II

En eso hay duda:
él dice en el cartel que es italiano,
y habla tan español, que decir puedo
que le parió la calle de Toledo;
aunque de cuando en cuando italianiza,
y dice io, el baturro, andiamo adeso,
y pienso que ha mandado macarrones.
¡Oh!, ¿qué dijera vuestro insigne Lope

sobre el ser celebrado un extranjero?
¡Qué príncipe es Madrid, tan novelero!
¡Miradle cómo el vulgo le acompaña!

Cortesano I
¿El vulgo? ¡Fuego en quien por él se rige!
¡Qué mal intencionada y ruda bestia!
¡Lo bien que sabe a todas voluntades
el platillo civil de novedades!

(Entra el Médico, vestido graciosamente, y otros tres o cuatro que le acompañan.)

[Voces]
¡Plaza! ¡Plaza!

Cortesano II
¿Hay aplauso más mecánico?
Cese el cortejo, menos rumbo, cese.

Médico
¡Retiratio ad profundum! ¡Exi foras!;
que me aplace curar in solitudine,
que delante del pueblo io non sacho.

Cortesano II
¿Qué nos querrá decir este borracho?

Cortesano I
Que le dejemos solo, que no sabe
curar donde le vean.

Cortesano II
¡Qué embeleco!
Cure, ¡pese al bribón!, públicamente.

Médico
Non voglio.

Cortesano II
¡Voto a Cristo que se ensancha!

Cortesano I
Por Dios, que es italiano de la Mancha.

	Ea, no le enojéis; vámonos todos.
Cortesano II	¡Lindo, echa cuervos!
Médico	Vuelva de aquí a un rato, que le quiero curar de mentecato.

(Sale la Desamorada y su Tío.)

Tío	Curarte, tienes, niña, aunque no quieras.
Médico	Qué cosa, qué volite?
Tío	Esta loquilla, que salud no quiere...
Médico	¿De qué está enferma el pedazo de abril?
Tío	...está preñada de gusto y afición.
Médico	¿Está preñada?
Tío	No, señor, que es doncella.
Médico	¡Pobre de ella! Ya querrán pasatiempo de doncella. ¡Cuál es el pueblecito! ¡Ah, lengua infame! ¡Ah, lengua vil la que a mujer ofende! ¿Sátiras quiere el pueblo? ¿Hay tal desgaire, que la malicia juzgan que es donaire? Si os holgáis que no hay doncellas, y celebráis malicias tan livianas,

gente del diablo, ¿no tenéis hermanas?
Infamar las mujeres y maridos
solemnizáis ahora en los tablados;
gente de Bercebú, ¿no sois casados?
Mas, volviendo a las cosas de mi oficio,
¿qué enfermedad pillamo, niña hermosa?

Desamorada   Estoy de sequedades achacosa:
tengo empedrado de desdén el gusto,
y más dura que un bronce el alma siento.

Médico   Dársela a un avariento,
y atájenos la seca y desganada,
porque os iréis a ética de honrada.
Venga el pulso. ¡Jesús! ¡Qué gran sosiego!
Pues un mozo galán, discreto y bravo,
no os altera, merece ni dilata.
¡Qué enfermedad tenéis de mentecata!
Para ablandar lo duro de ese pecho,
¿nunca os han ordenado ningún hombre?

Desamorada   No hay ya la medicina que solía:
es falsa, es lisonjera, es engañosa;
no es de provecho, que mi abuela dice
que se acabó la casta de los hombres;
y los que ahora se usan son pellejos
de los que ya pasaron, pues los mira
vestidos de engaño y de mentira.

Médico   Vuestra abuela mintió cuarenta veces;
que aún hay hombres de bien. ¡Qué linda escuela!
Por Dios que es evangelio el de la abuela.
¿No apetecéis varón?

Desamorada	Nada apetezco.
Médico	¿Hay hastío de condes?
Desamorada	Estos días me guisaron un par de señorías; y no las puedo ver, porque me han dicho que, siendo yo la enferma, a pocos lances saldrá mi enfermedad (aunque sea poca), a mí a los ojos, y a ellos a la boca.
Médico	¿Es doctrina también de vuestra abuela? La previsora plebe ha dado en eso. Mi donosa, perded esos temores; que siempre los más buenos son mejores.
Tío	Señor, ¿tendrá salud esta muchacha?
Médico	Todo es señal de muerte cuanto veo, que tiene flacos pulsos el deseo.
Desamorada	No puedo atravesar solo un bocado de amor, de voluntad, ni de cuidado.
Médico	¿Hay amargor de joyas y vestidos? ¿Sábeos bien el dinero?
Desamorada	¡Y cómo!
Médico	Bueno, de vida sois, ¡por vida de Galeno!, sanaréis, sanaréis: buscad un hombre callado (si le hubiere en las boticas) y exprimidle entre dudas y esperanzas,

que salga este licor provechosísimo,
que es el amor finezas y regalos;
que es eficaz remedio y muy notorio,
y al lado le aplicáis un escritorio,
y un jarabe tomad de dilaciones,
y échenos cuatro ayudas de doblones.

Desamorada   ¡Ay, qué necio doctor! De esos remedios
tengo yo desechados infinitos,
y no me sanará toda la flota;
quédese para necio y para idiota,
que enferma quiero estar de desamores.

Médico   Gustosa es la rapaza.

Desamorada   Bastan flores.

Médico   ¡Cómo os fiáis, amiga, en la carilla,
y en que ha de durar siempre! ¡Qué donaire!
Niña, todo se acaba y se apresura,
y más breve que todo, la hermosura.

Desamorada   Que todos son civiles pensamientos.

Médico   Pues allá os lo dirán los escarmientos.

Desamorada   Que no hay [en este corazón] codicia.

Médico   Vengan los años: nos harán justicia.

(Vase y entra el Vano, sin quitarse el sombrero.)

Vano   Cúreme el tal doctor.

Médico	¿De qué dolencia?
Vano	De vano y descortés.
Médico	¡Qué atrevimiento! Vinistes con el mismo crecimiento. ¿Sois calvo?
Vano	¿Por qué causa lo pregunta?
Médico	¿Por qué causa lo digo, majadero? Porque hacéis cabellera del sombrero: cierto que sois persona desmañada, que un sombrero, infelices de los vanos, bien le podréis quitar con las dos manos.

(Quítase el sombrero con las dos manos.)

Vano	Remedio pido y no tanto parola.
Médico	En fin, ¿sois vano?
Vano	Sí.
Médico	Pues, al remedio: aprender cuanto fuere de fantástico, y oír lo que de vos murmuran todos.
Vano	¿Y no es menester más?
Médico	Con eso basta.
Vano	A todo el pueblo las albricias pido.

Médico	Esta purga tomad por el oído;
	y si ella no os quitase esa modorra,
	os amortajen luego en una zorra.

(Vase y sale el Maldiciente.)

Maldiciente	Cúreme vuesasted de maldiciente.
Médico	¿Maldiciente y vivís?, extraña cosa,
	¿De qué género sois?
Maldiciente	¡Gentil badajo!
	Si maldiciente soy, seré hombre bajo.
Médico	Eso así habrá de ser, puesto que ha sido
	más alto que los nobles, pero bajo,
	que esta es mejor materia para un púlpito.
	¿Y en qué fundáis el ser maldiciente?
Maldiciente	Solo en donaire y ser bien escuchado.
Médico	Mejor diréis en ser desvergonzado.
	¿No veis que a un maldiciente, por mil modos,
	si bien le escuchan, le aborrecen todos?
	Y un maldiciente solo, tantos hace,
	que una verdad castigue lo que él miente,
	pues todos dicen mal del maldiciente.
	Si sois hombre de bien, sanaréis luego
	con advertiros que os harán infame;
	que peligran las honras con tal mengua
	en el escollo vil de vuestra lengua.
	Mas, pues, sois hombre bajo; es gran remedio,
	y medicina provechosa y rara,
	sajaros dos ventosas en la cara.

Maldiciente	Digo que sano estoy. Mas decid: ¿cómo hablaré bien de aquí adelante?
Médico	Hermano, diciendo mal de vos y del verano.

(Vase y sale la Ama del Doctor.)

Ama	¡Señor, señor, señor!
Médico	¿Qué queréis, ama?
Ama	Señor, un hombre de secreto pide que le curéis [si el tiempo no os impide].
Médico	¿Hombre secreto? ¿Qué decís, hermana? Mírale bien si es hombre en carne humana, y si lo fuere, darle esta receta (para desopilarse de ese vicio): haga en la corte un poco de ejercicio.

(Sale el Criado.)

Criado	Oye, señor.
Médico	¿No es cosa para pública?
Criado	No, señor, que a curarse de poeta viene un hombre.
Médico	¡Picaño! ¿Es sambenito serlo? ¿Toca a nos ese delito? ¡Oh, sagrada y divina Poesía,

que la ignorancia os tenga en tal desprecio!
¡Oh, qué válida ciencia es la del necio!
Que este oficio le infame el que le tiene,
y hayan hecho por gala, y de pensado,
campaña de venganzas el tablado.

(Entra el Poeta.)

Poeta   Guárdate Apolo.

Médico   Hermano, Dios me guarde,
               porque es persona de mejor cuidado.
               ¿Qué sentís de las Ninfas?

Poeta   Gran desgracia
               y poca estimación.

Médico   Estadme atento,
               porque gustillos son de entendimiento
               usar bien ese oficio soberano;
               ser poeta de bien, pues lo son muchos:
               guardad la boca y abstenéos de sátiras,
               no sea menester purgar, en suma,
               con jarabe de acero vuestra pluma.

Poeta   ¿No podré apetecer unas coplillas
               contra las rubias?

Médico   No, por ningún caso;
               «cabellos de oro», dijo Garcilaso.

(Vase, y sale el Criado.)

Criado   Abreviando, Magister, que infinitos

	enfermos por consulta van viniendo.
Médico	Multitud o languentium, ve diciendo.
Criado	De pensar que es dichoso con mujeres, quiere uno que le cure.
Médico	Yo no puedo, porque a los que padecen cosas tales solo curan las jaulas de hospitales.
Criado	Un otro, que teniendo mujer bella, quiérela fea, y da la suya hermosa, y le hace mil desdenes y desprecios.
Médico	Eso toca a la cura de los necios.
Criado	Otro quiere curarse de celoso.
Médico	Si es casado y lo muestra, es desahucio que con su enfermedad desconfiada sanará la mujer de ser honrada.
Criado	Otro más, de cuñado.
Médico	A ese cuñado que se cure de mal intencionado.
Criado	Otro de miserable.
Médico	¡Oh, triste! ¿Es rico?
Criado	Es dueño poseedor de gran tesoro.

Médico	Llámale al miserable majadero,
	alcaide y dueño de su vil dinero;
	y porque no se afane el desdichado,
	le dirás, con palabras muy sucintas,
	que mire a un hijo suyo echando pintas.
Criado	Un farsante con tono viene enfermo.
Médico	¿[Un farsante enfermo] de tonecillo?
	Que se vaya a curar a Peralvillo.
Criado	Un hombre grave y de luegos,
	algo viene con calentura.
Médico	¿Luegos, algo
	con calentura? Tales bien se entienda,
	que no puede curar sin dejar prenda.
Criado	Otro que piensa que lo sabe todo.
Médico	¡Qué buena vida pasará el bellaco!
	Entre esa bestia, pues.

(Entra el Cortesano II.)

	¡Qué sabio mozo!
	¿Sois vos quien todo lo sabéis?
Cortesano II	Lo mismo.
Médico	Yo os probaré que no.
Cortesano II	¡Qué gracia tiene!
	Eso, ¿cómo es posible?

Médico   En la experiencia,
¿pensáis que todo lo sabéis?

Cortesano II   Sí, pienso.

Médico   ¿Y sabéis que sois necio?

Cortesano II   En ningún modo.

Médico   ¿Pues, veis cómo ya no lo sabéis todo?
                       De mentecato prometí curaros;
                       ya lo he cumplido. Andad con Dios.

Cortesano II   Escuche,
¿cómo sabré yo mucho?

Médico   Ya os escucho:
                       sabed cuán necio sois, y sabrás mucho.

(Vase [el Cortesano II].)

Criado   De bruja quiere una mujer curarse.

Médico   No quiero aventurar mi medicina,
                       que volverá a enfermar de cada día.

Criado   Otra de fea.

Médico   Dile que se muera;
                       y antes será mejor, si no es muy moza,
                       curar de desdichado al que la goza.

Criado   Otra mujer de firme.

| Médico | No la esperes, |
| | que es nueva enfermedad en las mujeres. |

(Entra la Firme.)

Firme	¡Ay!, ¡ay, señor doctor, con qué ansias vengo,
	que traigo de firmeza una apostema;
	que quiero a un hombre bien solo por tema!

Médico	Aunque tenéis un mal tan imposible,
	usad para sanar de firme al punto,
	y el pecho en que sentís desasosiego,
	con cualquiera mujer os unten luego.

Firme	¡Ay, mi señor doctor, ay doctor mío!
	¿Para sanar una mujer de firme,
	no más que una mujer es necesario?

| Médico | Todo se ha de curar con su contrario. |

| Firme | ¿Y si vuelvo a sanar y enfermo luego |
| | de mudanza y firmeza? |

Médico	Con vos misma
	os untad, y si os diere pesadumbre
	encomendadlo a Dios y a la costumbre.

| Firme | ¿Hay más insigne médico en el mundo? |
| | ¡Milagro! ¡Al gran milagro acudan todos! |

(Salen todos los del entremés y Músicos.)

| Músicos | ¿Qué voces éstas son, doña Quiteria? |

Firme	Que ya de firme me sanó este médico, a quien la vida y la salud consagro.
Médico	La enfermedad, decid, que fue milagro.
Músicos	Todos salud y vida le debemos. ¿En qué quiere el doctor que le paguemos?
Médico	En que bailen un poco, y aquí podrá cantar.
Firme	De buena gana.
Médico	Vaya una letra, buena cortesana, que sea de lo bueno y excelente, como Joannes me fecit Benavente.

(Cantan y bailan [los demás versos del entremés]:)

Músicos	«Afuera, que va la niña, linda cara y pocos años, desatando nieve y rosas, con su donaire gallardo. Del tiempo y amor se ríe, que no ven sus ojos claros, ni del uno vencimientos, ni del otro desengaños. Date prisa niña, no tardes tanto, que un día y otro se hacen los años.»
Médico	«Y si ella lo duda, don Fulano del Tiempo, vengan arrugas.»

Músicos	«Ni en edad, ni en belleza,
	ni en gracia fíes,
	que también los de ochenta
	fueron de quince.»

Médico   «Y si ella lo duda,
                don Fulano del Tiempo,
                vengan arrugas.»

«De las damas de hogaño, ¿qué te parece?
Capadillo, pues, jueguen con seis y siete.
¿Y las que se atapan en la comedia?
Al rentoy, pues te muelen haciendo señas.
A las viejas de hogaño, ¿qué las diremos?
Setentona con guía, ni más ni menos.
¿Qué hace un viejo en casarse con mujer moza?
Dejar leña encendida donde hay estopa.»

«Y si ella lo duda,
don Fulano del Tiempo,
vengan arrugas.»

Fin del entremés

Libros a la carta

A la carta es un servicio especializado para
empresas,
librerías,
bibliotecas,
editoriales
y centros de enseñanza;
y permite confeccionar libros que, por su formato y concepción, sirven a los propósitos más específicos de estas instituciones.

Las empresas nos encargan ediciones personalizadas para marketing editorial o para regalos institucionales. Y los interesados solicitan, a título personal, ediciones antiguas, o no disponibles en el mercado; y las acompañan con notas y comentarios críticos.

Las ediciones tienen como apoyo un libro de estilo con todo tipo de referencias sobre los criterios de tratamiento tipográfico aplicados a nuestros libros que puede ser consultado en Linkgua-ediciones.com.

Linkgua edita por encargo diferentes versiones de una misma obra con distintos tratamientos ortotipográficos (actualizaciones de carácter divulgativo de un clásico, o versiones estrictamente fieles a la edición original de referencia).

Este servicio de ediciones a la carta le permitirá, si usted se dedica a la enseñanza, tener una forma de hacer pública su interpretación de un texto y, sobre una versión digitalizada «base», usted podrá introducir interpretaciones del texto fuente. Es un tópico que los profesores denuncien en clase los desmanes de una edición, o vayan comentando errores de interpretación de un texto y esta es una solución útil a esa necesidad del mundo académico.

Asimismo publicamos de manera sistemática, en un mismo catálogo, tesis doctorales y actas de congresos académicos, que son distribuidas a través de nuestra Web.

El servicio de «libros a la carta» funciona de dos formas.

1. Tenemos un fondo de libros digitalizados que usted puede personalizar en tiradas de al menos cinco ejemplares. Estas personalizaciones pueden ser de todo tipo: añadir notas de clase para uso de un grupo de estudiantes,

introducir logos corporativos para uso con fines de marketing empresarial, etc. etc.

2. Buscamos libros descatalogados de otras editoriales y los reeditamos en tiradas cortas a petición de un cliente.